바람은 어디서 불어오는가

바람은 어디서 불어오는가

2016년 05월 31일 초판 발행

지은이 | 이광희
그림 | 김미희
발행인 | 박찬우
편집인 | 우 현
펴낸곳 | 파랑새미디어

등록번호 | 제313-2006-000085호
서울특별시 마포구 서교동 357-1 서교프라자 318
전화 | 02-333-8311
팩스 | 02-333-8326
메일 | adam3838@naver.com

가격 12,000원
ISBN 979-11-5721-041-1 03810

이광희 시화집

바람은 어디서 불어오는가

파랑새미디어

시인의 말

우리네 삶을 가만히 들여다보면
저마다 조금씩 상처와 슬픔이 있음을 알게 됩니다.
서로를 사랑하는 가족 사이에도
차마 다 말하지 못하는 외로움이 존재합니다.

풍요로운 물질 사회에서
돈이 없는 삶이란 갈수록 초라해지고
돈은 삶에 대하여 너무나 무례합니다.

상처받고 고달픈 어떤 삶이 있다면
부족하나마 이 詩가 작은 위로가 되었으면 좋겠습니다.
잠시 지친 날개를 쉬어가는 나뭇가지이거나
힘을 얻는 한끼의 음식이 될 수 있다면 더 없이 행복하겠습니다.

아름답고 맑은 그림으로 이 시를 곱게 싸주신
김미희 화백님의 작품에서 치유의 기운이 함께 이어지기를 바랍니다.

2016년 철쭉꽃이 가득 피어난 봄날에
이광희

제1부 바람은 어디서 불어오는가

제2부 내가 사는 세상

제3부 어느 날의 산책

제4부 사랑할 수 있다면

제 1 부

바람은 어디서 불어오는가

모든 것이 떠날 것이다

내가 버리기 전에 그대가 떠날 것이다

바람이 한 가지에 머물지 않을 것이다

행복

행복은 스스로 자라지 않는다
쓰다듬고 안아주고
가까이서 보살펴 주어야 한다
가꾸지 않으면 곧 시들고 마는 한 그루 꽃나무와 같다

행복은 혼자서 놀지 않는다
함께 웃고 함께 걷고
가까이서 서로를 들여다 보아야 한다
사랑하지 않으면 멀리 날아갈 한 마리 새와 같을 뿐이다

행복은 저절로 오지 않고 오랫동안 머물지도 않는다
서로 사랑하고 서로 감싸며
떠나지 않도록 가까이서 어루만져야 한다
행복은 믿는 것이 아니라 지키는 것이다

안개 속 풍경

새벽 안개가 낮게 흐르는
이른 출근길
정장을 차려 입은 그녀의 뒷모습이
안개 속인 듯 꿈속인 듯 하염없이 아름답다

길가에 말이 없는 안개를 스치는 마른 나무와
안개 속을 홀로 걸어가는 그녀와
모든 애틋한 것들에 대한 그리움들이
뒤섞이며 소용돌이치며 쓸쓸한 풍경을 만든다.

내 삶도 함께 쓸쓸한 풍경으로 남는다
반쯤 어깨를 가리는 안개 속을 걸어가는 것
가진 것을 내어 놓고 말없이 나무처럼 말라 가는 것
모든 지나간 시간들이 그리워지는 것

바람은 어디서 불어오는가

바람은 어디서 불어 오는가
높은 곳에서 오는가
낮은 곳에서 오는가

깊고 어두운 바다를 건너고
이제 막 언덕에 올라
솔가지를 흔들고 있는
이 바람은 어디서 왔는가

그대의 한숨에서 시작된 것인가
그대 쓸쓸한 눈물 방울이 만든 것인가
내 열락을 위해 그대와 맞닿던 그 깊은 곳의
떨림에서 비롯된 것인가

아무리 바라보아도
바다는 바람을 불어오고
내 마음은 온통 흔들린다

이 간절함은 무엇인가
이 안타까움은 또 무엇인가

나를 사랑하는 내 모든 사랑을 여기 두고
나는 왜 흔들리고 방황하는가

모든 것이 떠날 것이다
내가 버리기 전에 그대가 떠날 것이다
바람이 한 가지에 머물지 않을 것이다
세월이 흘러가고
그러므로 모든 것이 지나갈 것이다

해당화가 피고 또 스러질 것이다

탐욕

우리는 탐욕 속에서 산다.
부질없음을 이미 알고 있다.
저토록 찬란한 붉은 꽃들이
한 때의 빛남에 지나지 않음을 안다.

그러나 탐욕은 공기처럼 세상을 감싸고
우리는 영원할 듯이 붉은 꽃잎이 되려 한다.
그리하여 진정한 깨달음의 시간은 너무 늦게
죽음과 가까이서야 겨우 찾아오는 것이다

소녀

내가 보기엔
그토록 예쁘고 해맑은 얼굴의 한 소녀가

깊고 서늘한 눈매
바라보면 시간이 멈출 것만 같은
그윽하게 아름다운 두 눈을 가진 소녀가

거울을 보면
눈이 마음에 들지 않는다고
눈이 안 예쁘다고
그래도 예쁘기만 한 입술까지 삐죽이더니

성형을 했다고 한다

구비구비 천 년이나 아름답게 흐르던
강줄기 파헤쳐
4대강 사업하듯이

고요하게 깊게 흐르던 강물 위에
별 빛보다 빛나는
조명발 더해 주듯이

아닌 듯 아름다운 듯
새로운 아이라인도 만들고
섹시한 듯 갸름한 듯
아닌 듯 아름다운 듯
성형을 했다고 한다

꽃잎이 자기 향기가 싫어
독초에 몸을 부비면 행복했을까

소녀는 성형을 하며 이미 성숙했고
바라보면 시간이 멈출 것도 같던
시간은 멈추지 않고 흘러갈 것이다
섹시하게 눈을 흘기며 흘러갈 것이다

사진

지나간 사진을 정리하다가
한 10년쯤 젊어 있는 사진 속 얼굴들을 보며
참으로 무상하다

시간은 한걸음에
5년씩 10년씩 축지법을 쓰고
사진 속 그 날 그 여행길이
꿈속이었나 전생이었나
아득한 기억 저편의 언덕, 자욱한 안개 속 같다

10년이 이렇게 흘러 갔는가
나는 무엇을 하며 세월이 지났을까

아이들이 결혼하고
손자 손녀가 태어나고 자라고
책을 출판하고 여행을 하고
그래 무슨 일들이 있긴 했다

그래도 시간이 통째로 사라져 버린 듯이
단숨에 10년이 달려가 버린 듯이
가슴이 비고 머리가 하얘진다

한 장 한 장 사진을 넘기며
한편으론 그리운 얼굴들이
어제인 듯 엊그제인 듯 그립기도 하다

어제인 듯 꿈결같고 엊그제인 듯 아득하게
사진 속 그 까마득한 시간들은
참으로 속절없고 무상하다

마른 갈대꽃

마른 갈대꽃이 바람에 흔들린다.
잎은 시들어 떨어지고
꼿꼿하던 몸통도 꺾일 날을 기다린다

한 때의 청춘이 있었다.
거친 비바람과 짓밟힘 속에서도
푸른 꿈이 자라났다.
언제였을까?

내 청춘도 그와 같다
한 때의 청춘은 사진 속 풍경으로 퇴색하고
푸른 꿈은 이미 아득하다
누구에게나 청춘은 마른 갈대꽃으로 흔들린다

더 일찍 깨달을 수 있다면

더 일찍 깨달을 수 있다면
이것을 깨닫고 싶다

세상엔 공짜가 없다는 것
사람은 누구나 외롭고 결국엔 혼자라는 것
자본주의는 무전유죄 유전무죄의 사회라는 것
돈을 빌려달라고 하면 친구를 잃는다는 것
돈을 빌려주면 돈도 잃고 사람도 잃는다는 것

남자란 사랑한다고 속삭이면서 다른 여자를 넘보는 속물이라는 것
사람의 마음이란 언제든 흔들리고 변할 수 있다는 것
유난히 친절한 사람을 조심해야 한다는 것
세월이 가고
노년의 좋은 친구는 배우자 뿐이라는 것
운명은 알 수 없지만 자기 인생은 자신이 주인이라는 것

이 세상에 영원한 것은 없고
변화와 흘러감이 있을 뿐이라는 것
삶의 마지막 한 걸음은 혼자서 걸어야 한다는 것*

좀더 일찍 깨달을 수 있다면
이렇게 깨닫고 싶다

*헤르만 헤세는 <혼자>에서
'마지막 한 걸음은 혼자서 걸어야 한다'고 표현했다.

편지

내가 열 여섯이나 일곱이었을 때
한 때는 펜팔이 유행하던 때가 있었다

옅은 분홍색이나
연한 보라색의 편지지를 고르기도 하고
그 때는 만년필 글씨가 아름다웠지

지금은 스마트폰 갤럭시를 사서
문자를 주고 받기도 하고
사진을 공유하기도 하지만

봉긋한 가슴과
부드러운 허리선이
반듯하고 아름답게 걸어가던
그녀의 걸음걸이와도 같이

편지지에 가득 채워진
가지런한 그녀의 글씨들이
수많은 시간 동안
낮과 밤을 서성거리며

그녀의 하얀 손끝을 타고
마음에서 마음으로
순수에서 순결함으로
기다림에서 그리움으로
꽃이 피어났다

어느 날은
편지지 속에 또 하나
네모난 색도화지
풀과 꽃과 언덕과 바람이 그려진

풀꽃이 피어있는 언덕길을
어린 연인이 걸어가는 가녀린 설레임과 쓸쓸함이
내 마음을 흔들기도 했다
지금은 카카오톡스토리로
아이들 사진을 보며 전철을 타고 코를 박는다

지금 그녀는 어디에 있을까
편지지를 모으고
우표를 수집하고
그녀의 만년필 글씨는 언제나 단정하며

그녀는 이렇게 글씨를 썼다
이것이 내가 살아야 할 삶의 모습이라면
난 차라리 장미 가시에 찔려 죽은
라이너 마리아 릴케처럼
장미가시에 손끝을 찔려
생을 마감해야 할지도 모르겠어요

내 기억은 흐트러지고
많은 것들은 이미 지나갔다

세월이 지나갈수록
다시 한번 머무르고 싶은 시간들이
그녀의 가지런한 편지가 보고 싶다

기탄잘리

님은 나를 영원케 하셨으니
그것이 님의 기쁨입니다
이 연약한 그릇을 님은 수없이 비우시고
또 항시 신선한 생명으로 채우십니다

이 작은 갈피리를 님은 언덕과
골짜기 너머로 나르셨읍니다
그리고 님은 그것을 통해
항시 새로운 선율을 불어 넣었읍니다

님의 무한한 선물은
오로지 이 내 하찮은 두손으로 해서만
내게로 옵니다
세월은 가도
님은 여전히 비우시니
채울 자리는 여전히 있읍니다

여고생의 편지에 들어있던 글씨와 그림

첫 걸음

세상에 무엇을 하든
그 첫걸음은 서툴고 불안할 수 있습니다
잘 할 수 있을까
잘 해야 되는데

모질고 모진 비바람 속에서도
꽃이 피어나듯이
그 불안 속에서 재능이 피어날 것입니다
스스로를 위로해 주세요
너는 잘 할 수 있어

어려울수록 기도는 더욱 간절해지고
한 걸음 한 걸음 시간이 나아가면
마침내 익숙한 걸음을 만날 것입니다

가을 초입

서늘한 바람이 살갗을 지나간다

지난 밤
매미 울음소리
오케스트라보다 장엄하게
세상을 채우더니

그 많던 매미들 어디로 갔을까
오늘 밤
매미 울음소리 하나 들리지 않고
귀뚜라미 한 마리 가늘가늘 귀뚤거리며
세상을 고적하게 한다

폭염주의보 열대야 39도 전력경보
언제였던가 하며 지나가고

가을 냄새, 가을의 색깔
가을의 쓸쓸함, 가을의 그리움들이

서늘한 바람으로 살갗을 지나간다

가을날

뭉게구름 가을 하늘에
새 한 마리 날아갑니다

가을 길 달음질 하던 소녀
걸음을 멈추고
무심히 새 한 마리 바라봅니다

가을바람이 소녀의 얼굴을 어루만지며
머리 결을 날리고 지나갑니다

나는 가만 소녀를 바라봅니다
이 아이가 행복하기를
가을 하늘 같이 행복하기를

인생

천 년이나 저 하늘에 구름이 흘러가며
오늘처럼 낮 달이 뜨는 하루도 이슥고 지나간다
강물이 흐르며 세상이 깊어지고
가을 바람은 하얀 억새 꽃을 흔들고 간다
저무는 햇살을 받으며 가을 산이 아름답다

내가 걸어온 길
나를 흘러간 구름과 바람과 강물과 시간들
내가 가는 길
동행하는 발걸음과 마주 오는 그대들
숱한 상념들

인생이란 그냥 사는 것이며
살아지는 것
얼마나 많은 삶의 고달픈 흔적들이
이렇게 흘러가는 것이더냐
저 하늘에 구름이 오늘도 흘러간다

어떤 상술

어떤 상술이란
욕망을 이끌어내는 기술
졸부를 춤추게 하고
가난한 자의 피도 빨아 마신다

<어머 사장님 멋지시다> 한 마디에
턱없이 비싼 값으로 자신의 목적을 채워두고
돌아서선 차가운 비웃음으로 얼굴을 일그러뜨린다
빙신, 같잖은 것들… 입술과 얼굴 근육이 올라가며 부푼다

<사모님, 너무 부러워요, 좋으시겠어요>
영혼 없는 또 한 마디에 춤을 추는 졸부도
자존심에 상처받으며 피를 빨리는 가난뱅이도
배시시 팔랑이는 호갱이* 된다. 기꺼이… 허세와 함께…

*호갱 : 호구+고객이라는 의미의 신조어

삶의 벗

많은 시간이 지나가고
무릎의 힘도 줄어든다
많을 일들이 있었고
깊은 상처를 입기도 했다

어느 날은 위안을 얻기도 하고
행복이 날개짓하는 모습을 본 적도 있다
어떤 상처는 잊혀지고
위안과 행복도 지나간다

남아 있는 상처들이 때로 가슴을 후빈다
상처의 깊이마다 슬픔이 고여 있다
언젠가 한줌 흙으로 자유로울 때까지
상처와 슬픔은 삶의 벗이다

어 머 니

한 평생 자식들 위해 살아온 세월
손발이 다 닳도록 고생하시고 노랫말처럼
그 모질었던 삶이야 어이 말하랴마는
학처럼 살다 가시는
그 시절의 어머니는 이제 없다

자식들 떠나간 시골집에 혼자 남아
보고 싶은 자식들은 저마다 바쁘고
차마 남모르는 사정도 있다는 게지
눈 내리는 겨울 밤
병든 짐승처럼 웅크려
혼자서 중얼거리는 고독은 뼛속에 사무치고
차가운 바람만이 문풍지에 기웃거리다
제 길을 찾아 떠나간다

자식들이 힘 모아 보내준
공기 좋은 구비구비 산 속 요양원에도
보고 싶은 자식들은 멀리 있고
바람에 흔들리는 나뭇가지를 바라보아야 한다

언젠간 우리의 자식들도
힘 모아 우리를 공기 좋은 요양원에 모셔 줄 것이니
학처럼 살다 가신
그 시절의 어머니는 떠나고
외로움이 사무치는 이 시대의 어머니가 남는다

제 2 부

내가 사는 세상

우리가 모르는 많은 곳에서
외로운 곳이거나
적막한 곳이거나
어디에서는 말없는 꽃이 피고
어디에서는 고적한 낙엽이 진다

내가 사는 세상

도시
쓸쓸한 창문 너머
몇 개의 지붕을 지나
저기 고요한 숲
그 속에는 살아 움직이는 모든 것
보이지 않아도 잎이 크는 나무와
숨어 있는 곳에
길을 찾아 떠나는 작은 곤충들
세상은 그저 쉬지 않는데
삶은 멈추지 않는데

우리가 모르는 많은 곳에서
외로운 곳이거나
적막한 곳이거나
어디에서는 말없는 꽃이 피고
어디에서는 고적한 낙엽이 진다

도시의 창문
상념이 머무는 곳
저 만큼에 보이는 고요한 숲
나는 쓸쓸한 시간 속으로 걸어 들어가
어디로 가면
도시와 숲
내가 사는 세상들

풍요의 시대

지금은 풍요의 시대

살기 위해 먹는 것은 아니다
배가 고파 먹는 것이 아니다

한 나절 자동차를 달려 맛집을 찾아가고
멋을 위해
일본으로 우동을 먹으러 간다

조상들은 먹고 살기 위해
한 마리 들소를 창으로 찔렀다지만
우리는 수 십 마리 소를 도살하고
부위별 맛을 즐긴다

점심엔 비프스테이크를 먹고
동물 보호운동을 하러 가야지

배터지게 먹어도 고기는 남는데
음식 재탕 못하게
남은 것들 한 그릇에 섞고 물을 부어야 한다

지금은 풍요의 시대
먹어도 먹어도 음식은 남고

입어도 입어도 옷이 남고
치워도 치워도 쓰레기가 남는다

지금은 모두가 풍요의 시대
되돌아 갈 수 없는
풍요의 시대

삶의 대가

삶에는 대가가 따르게 마련이다
땅콩을 집어 던지고 감옥에 가는 것은
갑질의 대가이다
땅콩을 가져다 주고 무릎을 꿇어야 하는 것은
힘없음의 서글픈 대가이다

오늘을 살기 위해 대가를 지불한다
갈등하는 시간과 비겁해지는 순간을 지나며
거짓된 행복과 마주치기도 하고 스트레스를 받기도 한다

삶의 대가는 그러나 공정하지 않다
노력한 대로 보상이 오는 것은 아니어서
비열한 수작으로 돈을 챙겨가는 일이 늘어간다

오직 하나 공정한 것은
누구나 반드시 죽음에 이르게 된다는
하나님이 주신 섭리뿐이다

반짝이는 세상

나는 짝퉁과 명품을 구별하지 못한다
나는 큐빅과 다이아몬드를 구별하지 못한다

색색으로 옷을 입힌 유리 구슬이
보석보다 더 화려하게 반짝이고
성형한 미인의 얼굴이 자연 미인보다 콧대가 높은 것을 본다

진실한 사람보다 진실한 것처럼 보이는 사람이 더 친구가 많고
진실하게 그녀를 사랑하는 사람보다
사랑해 사랑해 속삭이는 바람둥이가 더 많은 것을 차지한다

진실한 것이 최선은 아닌 것이다
반짝이고 속삭이고 가벼운 웃음이 되어야 사는 게 편한 세상이다

오늘도 세상은 이곳 저곳에서 화려하게 반짝이고
사랑해 사랑해 메아리가 떠돈다

푸어족 전성시대

아파트값 떨어졌다고 전세 값이 치솟았다고
부동산 거래절벽, 취득세 영구인하, 전월세 상한제
하우스푸어 랜트푸어
이런 말들이 신문을 활보한다

아버지는 베이비부머
태어날 때 가지고 온 달랑 두 쪽과
집 한 채 가진 하우스푸어고

아들은 전세 값에 허리가 휘는
랜트푸어라고 한다

폼 나는 직장이 좋아 각선미가 예쁜 커리어 딸은
가슴에 삼각별을 달아라
벤츠를 타고 출근하는
폼나는 카푸어

어머니는 백화점 쿠폰북 받아보며
카드값 막기 위해
대출 상담을 하는 행복한 카드푸어가 된다

하우스푸어는 실버푸어가 되고
랜트푸어는 워킹푸어로 진화한다
카푸어는 웨딩푸어 쇼핑푸어로 세월이 깊어지고
베이비푸어는 에듀푸어로 한숨이 늘어간다

카드푸어는 메디푸어 대학을 나와
아버지와 함께
다정한 실버푸어에 안착하여 서로를 마주본다

우리는
푸어족 전성시대

남보다 멋있게
남보다 더 많이
남보다 명품 가방
남보다 좋은 차

내 아이 기죽지 않게
동창 모임에 초라하지 않게

그 동안 고생만 했는데
호의호식은 아니어도
나도 한 번 남들처럼 비행기는 타 봐야지
밍크는 입어 봐야지

가진 것 많은 시대
배 부른 시대

가난해도 살찌는 시대
가난해야 살찌는 시대

더 많은 것을 가져야 하는 시대
더 많이 갖고 싶은 시대

온 세상이 풍요로움에 넘치는
우리는
푸어족 전성시대

소시민의 꿈

현재 72Kg
　허리 32
　배 조금 나오고
　18평에 방3개 5인 가족
　소주 2홉 한 병이면 아까 한 소리 또 하고

꿈　65Kg
　허리 30
　38평 전용에 방 다섯개쯤
　술 일주일에 한 번
　전문가가 되는 것

대책 시시때때 운동하기
　다이어트는 술 안 마시는 것
　남의 말 안 하기
　취미 생활하기-특기가 될 때까지

결과 여전한 72Kg
　허리 32
　배 그대로 나옴
　집 18평
　술 마시면 잔소리에 허풍, 거짓말까지
　아무도 알아주지 않음

미래 글쎄
　노력하는 중

2016

가난

가난이 내 정신을 뜯어 먹는다
가난이 내 자유를 빼앗아 간다
가난이 아내와 아이들을 슬프게 한다
가난이 나를 나약하게 한다

복권 3,000원어치를 사서
토요일을 기다리는 아내는 간절하고 불안하다
토요일에 번호를 맞추어 보곤
슬프고 쓸쓸한 그늘이 된다

아내를 차마 바라보지 못한다
고통이 가슴을 꿰뚫고 지나간다
다시 일어서야 한다
다시 일어서야 한다

결심은 간절하지만 이미 초라할 뿐이다
답은 어디에도 없다
그늘진 얼굴이 말없이 웃어주는
아내는 슬픈 자화상이다

다시 일어서기

다시 눈뜨는 아침 곁에 잠든 아내와
눈이 마주치면 언제든 웃어주는 아내
가을 햇살에 반짝이는 단풍 진 풍경들
서늘한 공기와 나뭇잎을 지나가는 바람

아직 살아있다는 슬픔과
살아야 한다는 두려움
간 밤 사소한 빗줄기에 너무 많이 떨어져 내린 낙엽들
산책길 하염없이 흔들리는 갈대와 억새풀

지나간 날들에 대한 쓸쓸한 기억
지쳐가는 육신과 낡은 꿈
그리운 얼굴 그리고 기도할 수 있는 시간들
내가 다시 일어서야 하는 이유

어느 화가의 유작전

"내 그림은 배추 한 포기 값이지만
다시 평가 받을 날이 있을 것이요"
가난한 화가는 젊은 아내와 아이를 남기고 갔다

그토록 빈궁한 시절에
오고 감이 없었던 형제 누나 친척들이
너도 나도 나서며 합심하여
유작전을 열어 주었다

유작전엔 사람들도 많이 오고
그림도 꽤 팔려 나갔다
순박한 아내는 아이를 안고 울 뿐이다
살아 생전 남처럼 살던 그들의 눈만 번들거렸다

불행은 사랑을 버리지 않는다

많은 경우에서 사랑은 서로 엇갈린다
나는 너를 사랑하는데 너는 다른 사람을 바라본다
나는 관심을 두지 않지만
나를 간절히 사랑하는 또 다른 사람도 있다

간절한 사랑보다 가벼운 사랑이 행복하다
진실한 사랑보다 거짓된 사랑이 더욱 달콤하다
행복은 바람둥이의 가벼운 사랑이며
희망은 거짓된 사랑이다

희망에 매달리면 언제나 배신을 당하고
행복을 믿고 있으면 어느 날 아침 달아나고 없다
오직 불행만이 간절한 사랑으로
진실한 사랑으로 인생을 사랑하고 변함없이 따라다닌다

누구든지 희망과 결별하고 행복을 걷어찬다면
불행은 변함없이 그 자리에 기다리며
가슴을 열고 그 삶을 송두리째 안아준다
죽음의 순간까지 불행은 결코 사랑을 버리지 않는 것이다

아버지 떠나신 날

아버지 떠나신 날 들길에 바람 불고
두월천 물빛은 햇살로 흘렀다

간 밤 근심스러운 소나기
논두렁에 물을 가두고
아버지 떠나신 날 들판은 푸르게 흔들려
세상은 찬란하더라

혼자서 삽질하시던 아버지
막걸리 한 사발에 잠시 허리 붙치고 앉아
어머니와 나란히 한숨을 쉰다

공부 잘하는 큰 아들은 서울로 떠났지만
넉넉히 쥐어주지 못한
그 놈의 돈은 다 어디로 갔는지

야간 고등학교 다니는 둘째는 객지에서 몸이 아프다는데
자전거 사달라고
셋째는 학교에 가지 않았다

아버지는 담배 한 대 물고
하늘만 바라보고
어머니 주름진 얼굴에는 석양이 물든다

낮은 구름은 낮게 흐르고 두월천 흐르는
여전한 들판에서
아버지 떠나신 날
바람은 불고 아버지는 다시 삽질을 한다

두월천에서

두월천 흐르는 김제 평야 벌판에는
조금씩 변한 것과 변하지 않은 것이
섞여 흐르는데

들판을 흔들고 지나는 바람은
변하지 않는 여전함이고
갈대 숲 우거진 둑길 소를 메었던 자리에
트랙터, 경운기와 빈 농약병

앞돔 사는 누구는 텃논 팔아
아파트를 사고
또 누구는 식당을 내어 도시로 떠났다고
동네 소문이 짜-하게 도는 하루

배운 게 이것뿐이라 붙들고 있는 흙이지만
흙을 빚어 자식들 앞길 열어주고
한 평생 살아온 세월

지난 날 꿈 담고 맑게 흐르던 두월천이
썩은 물이 되어 고이는 것은 변한 것이고

아직 내가 두월천 둑길에 앉아
흔들리는 들판에 남아 있는 것은
변하지 않은 것이다

시골길

1

한 사내가 길을 가고 있습니다
저 멀리 들길을 건넌 바람은 풀잎에
자꾸만 드러눕고
시름한 둥근 달빛이 사내의 콧날 위에
근심스러이 부서집니다

2

십 년 전인가 어느 날에도
한 소년이 이 길을 갔습니다
그 날의 오늘 밤에도 달빛은 푸르고
바람은 자꾸만 길가에 드러누웠습니다
도깨비를 만나면 왼쪽 다리를 걸어야 하고*
귀신을 만나면 정신을 차려야 한다고
잘 알지도 못하는 마방진에 골몰하면서
돌아보면 돌기둥이 되고 만다는
먼 전설을 생각해 내곤
등 뒤로 달려드는 두려움도 달랬습니다

*도깨비를 만나면 씨름을 해야 하는데 오른쪽 다리를 걸어서는 이길 수 없고 반드시 왼쪽 다리를 걸어야 이겨서 집에 돌아올 수 있다는 실화에서 인용

3

그러나 지금 이 길을 가는 길에는
도깨비 불도 보이지 않고 귀신의 노래도
들리지 않습니다
도깨비를 만나는 대신 강도를 만나면
구명용 비상금을 주어야 하고
마방진에 골몰한 대신
세금 계산에 밝아야 합니다
길은 아직 옛날의 그 길이언만
옛날은 가고 없습니다

4

시골 어느 감나무엔 지금 달이 걸리고
늙으신 아버지는 아들을 기다립니다
세월을 건너오다 지친 바람은
저 혼자 휘돌아치다 뒤돌아 가고
아들을 기다리는 그 길을 따라
한 사내는 길을 가고 있습니다

귀가

집으로 가는 길
황혼의 하늘을 바라본다

오늘 하루 지친 만큼이나
고달픈 하늘이 붉어 있구나

한 곳에 엉덩이 누르고 앉아
이슥고 평온이 올 때까지
고요히 기다릴 수는 없는 것일까

손에 들지 않는 일
정신 없다고 투덜대면서 이리저리
마음만 바쁘다가

어지러운 책상
흉내만 정리한 채 내일로 미루어 두고

기우는 하늘 집으로 가는 퇴근길은
성당의 철탑 위에 붉은 구름이 흐른다

달동네

오르다가 힘이 들면 멈추어 선다
잠시 허리 짚어 숨 고르고
돌아서 반짝이는 세상 내려다 본다
거기 보이는
아파트의 숲과 숲
수많은 집들과 집들의 잔치

나도 따뜻한 불빛이 있는 아파트 한 채
식구끼리 정이 드는 집 한 채 갖고 싶어
목숨을 헐떡이며 오르는 골목길인데

한 숨 크게 내쉬고 다시 오르다
오르다가 힘이 들면 멈추어 선다

여기는 달동네 오르는 골목길
칠백 만원 전셋집 찾아가는 구원의 길이다
땅 주인이 철거해 버린 어느 브록크 집은
밤 새 망치질 뚝딱이며 새 집을 짓고

재개발 소식이 들린단다
어느새 달라지는 눈빛과 눈빛들이
입주권, 분양권, 상가권 수근대며
희미한 불빛 새어 나오는 골목길에서
잠들지 못하는구나, 숨차는 달동네는

세상은 돌아간다

IMF
그것이 무엇이든지 간에

가진 자와 못 가진 자
압구정동 네온 불빛 아래
그녀들의 엉덩이는 70년 미싱처럼 돌아가고
그 엉덩이 깊은 곳 계곡주 양주잔이 돌고 또
돌아간다

IMF
그것이 무엇이든지 간에

가진 자와 못 가진 자
갈 곳 없는 아버지의
지하철 순환선은 하루를 돌아가고
아내가 넣어준 이만원이
손 끝에서
다시 손 끝에서
집으로 돌아간다

돌지 않는 돈, 돌지 않는 믿음

모든 돌아가는 것과 돌지 않는 것

흉흉한 소문들만
발 없는 말이 천리에 돌고
모든 살아 있는 잔머리들이
더 빠르게 돌아간다

IMF
그것이 무엇이었든 간에
가진 자와 못 가진 자
살아 있는 것과 죽어 가는 것
썩는 것과 피는 것
현란한 그대들과 침묵하는 아버지

어깨를 부딪치는
노선 버스는 종점을 돌아가고
한 낮의 쓰러진 소주병은 버려진 채
망각의 기억 속으로
세상은 돌아간다
돌고 또 돌아간다

아버지 계시는 곳

어머니 생신 날
식구들 모여 아침 밥 먹고
집 비워두고
아버지 묘소를 찾았는데

아버지 곁에는 식구보다
먼저 와 있는 것들
아버지 곁에 살아 있는 것들

고추잠자리 떼 하늘을 돌고 있었지
어머니 기도처럼
생전에 고달픈 삶 영혼은 훨훨 날아
편히 다니시라던
아버지 가벼워진 영혼이 돌고 있었지
잠자리 떼 돌고 있었지

영혼이 가벼운 것들 또 있었어
아버지 묘소를 날아 다니는 보라빛 풀나방 한 쌍
메뚜기도 있고 여치도 있고
개구리, 개미, 산새 모두 자유로웠지

어린 조카 개구리 쫓아 다니다
얼굴이 익을 때
살아서 아버지 남에게 너그럽듯이
영혼보다 더 가벼운
바람 하나
낮은 곳으로
나뭇잎 흔들며 지나갔지

나 아버지 둘러싼 소나무 그늘 찾다가
찔레꽃에 종아리 찔렸는데
아버지 꾸짖음이었을까
세 줄이나 핏줄이 흘렀어

나보다 더 아버지 곁에 있는 것들
아버지 친구하는 것들
자유로운 것들
날이 저물어 먹을 것 다 먹고
그들을 그 자리에 두고 나는 돌아왔지
아버지 계신 그 자리에 두고
나는 돌아서 왔지

제 3 부

어느날의 산책

어쩌면 나도
내 삶의 번잡을 잊어버리고
욕망으로부터 물러서고 고독을 견디어 낸다면
뿌리가 깊어질지도 모르는 일이었다
언젠가는 나도
모든 불안으로부터 벗어나 기쁨의 뿌리 하나
깊은 곳에 가지기를 기다리는 일이었다

모든 기다리는 것은 쉬이 오지 않는다

기다리는 사람은 오지 않는다
모든 기다리는 사람은
쉬이 오지 않는다
오고 가는 숱한 사람과
사람들 속에서
기다리는 사람은 오지 않는다
아니다 기다리는 사람은
곁에 있었다
그가 곁에 있을 때
다만 그를 기다리지 않았을 뿐

그가 나를 보고 웃을 때
나는 다른 곳을 보고 있었다
그가 두 눈을 반짝이며 내게로 올 때
나는 늘 바쁘다고만 말했다
그리고 어느 날 그가
슬픈 눈으로 흰 손을 내밀어
나는 뜻도 모르는
악수를 하고
그는 어둠 속을 떠나갔다

그가 떠난 자리에
하나 바쁘지 않은 바람이 불어와 그가
그리워질 때
그는 내 곁에 없었다
생각해보니 나는 바쁘지 않고
다른 바라볼 곳도 없었다
내가 그를 기다리니
그는 곁에 없었다

기다리는 것은 늘 곁에 없고
곁에 있는 것은 그립지 않았다
나는 꿈꾸는 사랑을 원하면서
갈수록 사랑을 잃어버렸다
그립지 않은 곁에 있는 것들이
그리움이라는 것을 알지 못했다
그리운 것은 오지 않는다
모든 그리운 것들은 쉽게 오지 않는다
그립지 않은 곁에 있는 것들이
내일은 오지 않는다

어느 날의 산책

어느 오후 숲 속 그늘에 기대어
앉아 있었다 낙엽이 서걱이는 소리와
나뭇잎 지나는 바람 소리에
그림자는 외로운데
실낱 같은 투명한 긴 다리만 길어
늙은 거미 한 마리 세상을
기웃거리고 있었다 거미는
긴 다리를 촉수처럼 흔들며
세상을 더듬거리고
숲 속의 고요함과 세상의 소란스러움을
함께 살아가고 있었다
나도 세상살이 번잡함에 지쳐 잠시
숲 속에 앉아 있거니
내 불안한 영혼이 거미의 긴 발처럼
세상을 기웃거리고 탐색해 보는 시간
나무는 발 밑에 열매를
떨어뜨려 자신의 삶을
보여주고
잎을 떨구어서 제 몸을 가볍게 하고 있었다

고독의 한 계절 눈보라 치는 시간을
견디기 위해
낮은 곳으로 뿌리를 내리고 있었다
어쩌면 나도
내 삶의 번잡을 잊어버리고
욕망으로부터 물러서고 고독을 견디어 낸다면
뿌리가 깊어질 지도 모르는 일이었다
언젠가는 나도
모든 불안으로부터 벗어나 기쁨의 뿌리 하나
깊은 곳에 가지기를 기다리는 일이었다

불안

내 마음 속
깊은 곳의 두려움이 나를 부른다
무엇일까
모르는 곳에서 바람은 불어오듯
알 수 없는 곳으로부터 일어나는
서성이는 이 불안은 무엇일까
그저 사람들과 만나고
아무렇지도 않게 웃고 이야기하자
쓸쓸한 계절이 나무 끝에 머무는 시간
저무는 그림자를 마주 하고
술이나 한 잔 건배를 하자
알콜이 핏줄을 흘러
몸 속을 돌아 스미는 대로
세상은 변해 가겠지
용기가 되겠지

운명은 삶을 깨닫게 한다

가장 행복하게 보낸 누군가의 하루에도
운명은 저만큼에서 말없이 그를 바라보고
이윽고 시간을 기다린다
가장 행복한 시간에 가장 절망의 시간을

절망에 무너져 누군가 엎디어 울 때에도
운명은 그 뒤에 말없이 바라보며
그를 위해 준비한다
가장 절망의 시간에 가장 깨달음의 시간을

운명은 운명으로 가르치고
운명으로 깨닫게 한다

욕망과 교만이 호탕하게 웃으며
술잔을 높이 든 시간
운명의 별은 그의 머리 위에 반짝이고

슬픔에 지쳐 쓰러진 채 삶에 기도하는 시간
운명은 말없이
위무의 손을 내밀어 천체는 운행을 계속한다

운명은 이미 알고 있는 것이다
그가 무엇을 선택하는가를
그가 선택한 운명에 따라 천체는 궤도를 돌고
운명은 기다린다
어느 시간이 그의 운명에 끼어들 시간인가를

그리하여 마침내 운명이여
운명은 삶을 깨닫게 한다
삶을 삶이게 하고 삶을 겸허하게 한다
저마다의 삶이 모든 운명으로부터
드디어는
자유로울 때까지

산책로 풍경

'나도 좀 살아야지'하고
넝쿨 하나 키 큰 풀잎을 꽁꽁 감고
하늘에 기어 오른다

풀잎은 허리가 휜 채 몸이 꼬여
'날 좀 놓아줘'
소리 없는 소리가 아우성치다가도
부드러운 욕정이 몸을 조이면
바르르 몸을 떤다

'어허 이보게들, 젊음의 욕정에 빠지지 말게
욕정이란 슬픔의 거품 같은 것
종내 후회의 찌꺼기만 남는 법이라네
그저 우리는 서로 어깨를 기대어 살아갈 뿐이지'
풀잎 아래 피어난 버섯
늙은이처럼 이마를 맞대고 낮은 곳에서 두런거린다

여기도 살아가는 모습 사람만큼
힘겨운 듯 한데
그저 정치판처럼 큰소리 나는
이전투구는 아직 아니로세

열대야에 잠 설치고
새벽 떠나는 산책로 풍경

분노

누구를 미워할 것도 없다네
내 마음 속 분노만 들끓고 있을 뿐
남을 미워한다는 것이
자신의 선량한 마음을 아프게 하고
종국에는 스스로를 해하게 되지

여기 편안한 자리에 누워
무심한 마음이나 생각해 보세
하나 둘 셋 넷
시간이 가면
별 것도 아닌 일이 될 수 있다네

두 눈에 맑은 눈빛이나 담아두고
가슴에 빈 공간이나 열어두고
구름이 흐르는 대로
하늘이 담기는 대로

누구를 다시 미워할 것도 없다네
그냥 한 번 웃어주고
뒤돌아 서는 자리
하늘은 무심히 흐르고 있다네
세상이 흐르고 있다네

오늘

하루가 고달프다는 것은
그 하루를 살아 있다는 때문일게다
하루가 서럽다는 것은
그 하루를 깨어 있다는 때문일게다
오늘은 가고 돌아올 수 없는 시간
잃어버린 무엇을 찾아
나는 또 어느 곳으로 서성이려 하는가
오늘이 가고
오늘이 가면

자화상

친구들과 만나
술 한 잔 하고서
몸이 아프다

끼니마다 한 웅큼
약 챙겨 먹으며
술 끊어야지 생각하는
몸은 이제 젊은 날이 아닌 것 같다

머리 빠지는 데 좋은 거라고
아내는 다가와
들기름에 섞은 무엇을
정수리에 바른다
이마에
목덜미에
한 방울 들기름이 번져 간다

얼마나 연약해지면
내게도 지혜로운 시간은 있는 것일까

시간은 내게
천천히 걸어서 가라 하고
스스로는 그저
살같이 흘러간다

지나간 날들은 이미 부끄럽고
다가올 시간은 가만
불안하다

아내는 부엌을 달그락거리며
하루가 또
지나간다

불면의 시간에

어느 날
잠이 오지 않는 날이면
하나 둘 셋 넷...
침대에 누워
지나간 수많은 시간들이 눈앞을 지나간다

그토록 부끄러운 일들과
한 잎 꽃잎과도 같이 여리던 설렘의 시간들이
거짓말과 허세와
우유부단함
두려움과 탐욕과
이 모든 것들이 감싸고 돌던 세상과 함께

낮게 떠가는 비구름의 움직이는 형상들
겨울 하늘을 뒤덮으며
겨울 들판에 내려앉던 수만 마리 까마귀 떼

사라지고 없는 것들 지나간 것들
잃어버린 것들과
채워진 것들

메뚜기를 잡고
개구리는 그냥 잡아 죽이고
곤충은 모가지를 빙빙 돌려 비틀어주고
잠자리도 잡고

개념이 없던 시대
그래도 그리운 시대

내게서 상처받은 사람들과
내게 상처를 준 사람들

아! 왜 그랬을까
미안하기도 하고
그 때는 기필코 복수를 꿈꾸기도 했던
그 부질없는 시간들이 지나간다

어느 불면의 밤에

어느 가을날

노란 은행잎이
수 백마리 나비떼의 날개짓처럼
우수수수 바람에 날리며 떨어진다
지난 날 쓸쓸했던 풍경이 가을 바람에 실려간다

권태

낯선 길을 가다가 문득 망설이듯이
어느 날은 그렇게
산다는 게 생소할 때가 있다

아내의 얼굴이 낯설어 보이고
아이의 얼굴이 낯설어 보이고
모두의 얼굴이 낯설어 보이고

거울 속의 나마저 낯이 설어서
서로가 처음 보는 악수를 나눌 때

조금은 불안하고 조금은 피로해진
내 일상의 모든 것들을
어딘가에 잃어 버리고

무심한 연극을 보는 것처럼
감동도 없이 자아도 없이
권태에 밀리는 모노드라마

게으른 고양이의 하품과도 같은
세상은 오로지 관객뿐인데

낯선 길은 가다가 문득 망설이듯이
어느 날은 그렇게 산다는 게
생소한 때가 있다

풍경의 기억

어린 시절
들판에 홀로 서서
낮게 흘러가는 구름 떼를 바라본 적이 있다

끝이 없을 것만 같은
검은색과 회색 빛과 가느다란 흰색이 뒤섞이며
구름은 검은 사자가 되고 염소가 되고
수 만 가지 형상을 만들며 흘러갔다

그 날의 소년에게는
경이로운 풍경이며 행복한 상상이고
외로운 위안이었다

그 날의 쓸쓸한 풍경이 되살아난다
서풍에 낮게 떠가던 검은 구름들과
추수가 끝난 들판의 느린 화면이
세월의 흐름과 함께 소용돌이 치며 흘러간다

아이디어

한 가지 일을 열심히 하다 보면
문득 새로운 굉장한 아이디어가 반짝이며 떠오른다
이 신선한 아이디어는 대단한 것을 이룰 것 같은
기대감을 숨기지 않는다

몇 날 몇 밤을 지새기도 하며
오랜 시간 정성을 들여 아이디어를 전략으로 만들어 간다
고통도 희망이 되고 기쁨이 된다
살아 있음을 느끼며 드디어 전략을 완성한다

그런데 자그만 문제점이 하나 드러난다
시간이 지나며 문제점은 잘 해결되지 않고
신선하고 굉장했던 아이디어와 전략은
별볼일 없는 그만그만한 경험의 하나로 더해진다

싱싱한 아침이 깨어나 마침내 지친 저녁이 되는 것처럼
새 달이 시작하여 낡은 달이 되고
희망에 찬 새 해 첫날이
아쉬움이 남는 지난 날로 희미해져 가는 것이다

아프고 나서

한 번씩 몸이 아플 때마다
마음이 먼저 약해지고
더불어 교만함도 함께 줄어든다

내 힘으로 세상을 살아온 것이 아니라
시간의 힘으로 세상 살아 왔다는 것을
내가 이룩한 것이 아니라
시간이 이루었다는 것을 조금씩 깨닫는다

연약해진 이 몸이 시간이라는 것을 이제야 안다
슬프고 고달픈 세상살이들
웃고 마시고 떠들며 이야기하는
저기 살아있는 백골들을 본다

백골들에겐 각자의 배정된 시간들이
날마다 성큼성큼 저만치 떠나간다
미련을 남겨두는 법이 없이
어쩌면 단 한번 뒤돌아 보는 법이 없이

시간의 언덕에서

좋은 사람들을 만났다
순수한 사람, 열정이 있는 사람, 능력 있는 사람, 배려하는 사람
나를 사랑하는 사람
그들이 시간과 함께 내 삶에 도움을 주었다

좋다고 말할 수 없는 사람들도 만났다
거짓말하는 사람, 사기치는 사람, 무례한 사람
그들이 내게 상처를 주고 고통의 시간도 주었다

누구를 믿을 수 있겠느냐고 세상이 말한다
그럼에도 상처와 고통에
위안과 치유를 덮어준 것은 결국 시간과 사람들이다
돌아보면 그 모두를 더하여 오늘의 내가 되었다

아내와 아이들은 위안과 치유의 중심이었다
손자와 손녀의 웃음소리는 내 행복의 정점이다
좋은 사람들이 내 삶을 이끌어 주었고
좋다고 말할 수 없는 그들도 내게 단단함을 더해 주었다

나는 그들에게 어떤 사람이었을까
또 한 해가 지나가는 시간의 언덕에서
나는 어떤 사람이 되어야 할까

새해 계획

새해부터 부지런 하려면 오늘부터 부지런해야 한다
새해부터 내일부터 월요일부터
오늘 하루 쉬고 내일부터 열심히 하자
그러나 내일은 오지 않는다

오늘 같은 어제와 내일 같은 오늘이
우리의 몫이다
시작은 언제나 지금 오늘 함께 하는 것이다

새해 첫날

새해 첫날 아침
서늘한 새벽 공기와 장엄한 일출을 함께 하지 않았다
한 해의 꿈을 이루어줄 소원을 말하지 않았다

부시시 깨어난 손자와 손녀의 웃는 얼굴을 보며
손자를 가슴에 앉고 축복을 한다
차례로 손녀들도 가슴에 앉고 축복을 한다

내 한 해가 그렇게 시작했다
지리산에 올라 천왕봉의 일출에 기도하지 않고
정동진에 자리하여 동해의 일출을 기다리지 않았다

할아버지 할머니와 새 해를 맞으며
어제와 같이 오늘도 행복하기를 바라는
손자 손녀의 행복이 새해 아침의 꿈이다

봄이 오면

봄이 오면
가벼운 바람 속을 걸어가며
그리운 사람들

부드러운 햇살과 꽃 비 내리는 산책길에서
목련 꽃처럼 얼굴이 하얀
소녀와 눈이 마주친다

수줍음과 설렘에 가슴이 부풀던
내 청춘의 소녀는 꿈을 이루었을까?

분홍색 테두리가 진 편지지에
풀과 꽃과 바람을 그리던 소녀
봄 소풍에 부른 그녀의 노래 소리는
바람에 날리며 멀리 멀리
어느 꽃잎에 닿아 흔들리고 있을까

세월이 가고
다시 봄이 오고

봄이 오면
내 청춘의 소녀가 꽃처럼 다시 피어난다

제 4 부

사랑할 수 있다면

오랫동안
아주 오랫동안 내가 당신을
바라보는 것은
당신을 사랑하기 때문입니다

연가 1
-사람의 사이-

너는 내 가슴을 들여다 본다
바람이 지나가는 바람 사이로
너는 기웃거리며
내 가슴을 들여다 본다

나는 어느새 빼앗긴 가슴
빼앗겨 비어진 가슴이 되어
너는 한 걸음 빈 가슴에 들어서다
서성이더니-------그냥
수줍은 바람처럼 떠나간다

나는 네 가슴을 들여다 본다
바람이 지나는 바람 사이로
나는 그리움처럼 네 가슴을 들여다 본다

너는 애타는 가슴
애타는 소녀의 가슴이 되어
내가 한 걸음 들어서려면
서성이다가-----------
그냥 수줍은 바람처럼 떠나간다

너와 나는 그렇게
항상 그만큼
바람이 지나가는 바람의 사이
너는 네 자리에
나는 나의 자리에
그리움처럼
서로의 가슴을 들여다 본다

연가 2
-슬픈 마법사-

떠나는 이에게
기다리는 이에게
사랑은 누구에게나 슬픈 마법사

돌아서서 돌아보고
돌아보다 돌아서는

사랑은-----

떠나는 이에게도
기다리는 이에게도
사랑은 누구에게나 슬픈 마법사

연가 3
-너를 떠난 슬픔-

아무것도 생각나지 않는 저녁에
조용한 비는 내리어 가슴이 젖는다
내게서 바람이 네게로 분다
나는 너에게 무엇이 되는 걸까
어느 날 내가 사막이라면
어느 날 네가 절망이었을 때
우리는 무엇을 위해 마주 섰을까
너를 떠난 슬픔은
내게 와 사념이 되고
나른 떠나선
강물이 된다
운명처럼 떨구고 온 수많은 밀어들이
잊혀져 간 시간처럼 사라져 가고
하늘이 내려 앉아 슬픈 강물은
너와 나
머언 먼 너와 나의 시간 속으로
소리 없이
소리 없이 떠나가는데

연가 4
-지금은 그대-

그대는 어디에 있는가
과거는 한낱 흘러가는 것일 뿐
추억도 망각처럼 사라져 간다

체념같은 싸늘한 입술을 물고
절망보다 허망한 가슴을 부여안고
서로의 설레임에 부대끼던
그날은 어디인가

모든 떠나간 것은 자리에 없고
모든 떠나간 것은 아름다워라

지금은 없는 이 자리에
함께이던 외로움을 견디지 못해
뒤돌아 떠나야 했던
우리의 그 모든 아픔들이

애증의 모롱이를 지나
회한의 바다를 건너
상실처럼 떠나가는 그대는 보이나니

먼 하늘 쓸쓸한 어느 거리마다
가슴 가득한 비애의 잔을 마시며

마지막 간절하던 그 사랑을 들고
지금은 그대
그대 어디에 있는가

연가 5
-기다린다는 것은-

기다린다는 것이
무엇인지를 아는 사람은
사랑하는 사람입니다

당신을 바라보는
이 말할 수 없는 쓸쓸함과 그리움 속에서
나는 당신을 기다립니다

당신을 감싸 안은 그윽한 공기와 물질들
당신 곁에 머무는 모든 것들이
살아서 빛이 되는 더 없는 아름다움으로
나는 당신을 사랑합니다

사랑하면 할수록
당신의 숨결, 당신의 몸짓
당신의 열망을 가슴에 안고
나는 당신이 되고 싶습니다

연가 6
-사랑은 천천히 온다-

사랑은 천천히 온다
오래도록 그 사람
바라보고

바라보고 있으면
마법이 온다

때로 슬픈 눈
쓸쓸한 눈빛
그 사람이 있던 자리
바라보고 있으면
그리움이 온다

사랑이 온다

당신을 바라보는 하나의 이유

우리가 오랫동안 숲을
바라볼 수 있는 것은
숲이 고요하기 때문입니다

내가 오랫동안
나무에 기대어 서 있는 것은
나무는 말이 없어도
의연함으로 서 있기 때문입니다

오랫동안
아주 오랫동안 내가 당신을
바라보는 것은
당신을 사랑하기 때문입니다

당신은 그 자리에 숲처럼 고요하고
나무처럼 말이 없어도
당신이 그립기 때문입니다

비밀

비밀이 있어야 합니다
당신과 나
보잘 것 없는 우리 삶에도 비밀은
있어야 합니다

그렇고 그런 남모르는
당신과 나에게
비밀이라면 소리 내어
남들은 웃을지 모르지만

나에겐 나의 삶이요
당신은 당신의 삶
당신과 나의 무게를 더하는
하나의
비밀은 있어야 합니다

빛나는 태양이 붉을수록 세상은 보다
짙은 그늘을 만들고
나무가 고요할수록 새 한 마리
가지를 흔들어 영혼을 깨우는 것이니
어둠이 어두울수록 별은 멀리 있어도
더욱 빛나는 것

우리네 삶이 하찮을수록
당신과 나
가슴에 담아두는 신비의
별 하나 있어야 합니다

그냥 바라다 보면 서로의
미소가 웃는
당신과 나의 반짝이는 별
멀리 있어도 말없이 우리 가까운
하나의 비밀은 있어야 합니다

아름다운 정원에 나는 있었다

그 순간 세상은
하나
아름다운 정원에 나는 있었네

전에 보았던 모든
산맥과 바다
그 계곡과 들길은 사라지고
오로지 향기에 취한
아름다운 정원에 나는 있었네

눈부신 빛에 싸여 그토록 들뜬 꽃들과
꽃들 사이로
어지러운 걸음이 서성이고 있을 때

부푼 봉오리와 떨리는 꽃잎은
설레이는 가슴을 한숨지었네

이윽고 나는 어느 꽃잎에 닿아
내 입술 가벼이
둥근 꽃잎이 흔들리고

떨다가 떨리다가 무너지는
꽃잎 하나
둥근 꽃잎 가득 고이는
강물이 흘렀네

강물 속에는
세상의 온갖 아름다움과 신비
한꺼번에 다 내게로 오고
내 사유(思惟)의 텅 빈 사이를
무념한 구름들이 흐르고 있었다네

어느 시간이 지나 꽃잎은
잠이 들고
내게로 왔던 모든 아름다운 것들이
어느 시간이 가면
서둘러 떠나는 것
아름다운 정원도 잠이 들면
다시 돌아보는 세상에

전에 보았던 어두운 산맥과
그늘진 계곡
고달픈 들길과 황량한 삶의 바다가
머물고 있었네
아름다운 정원에 서성거리는
향기 사라진
쓸쓸한 바다에 나는 있었네

아름다운 정원과 어두운 산맥
그늘진 계곡과
강물이 흐르는 꽃잎
모든 떨리는 것들의 아름다움과 신비

떠나는 시간들에 외로운 손을 얹고
그 모든 산맥들과 계곡을 지난
강물이 흐르는 둥근 꽃잎에
아름다운 정원에 나는 있었네

인연

무성할 땐 그저
천 년이나 푸르고 아름다우리라던
멀리서도 햇살에 빛나는
너는 숲이었다마는

화려했던 한 때도 가고
늘 떠나고 싶은 역마의 마음처럼
바람은 가지 끝에 돌며 저마다
잎을 지울 때

나무와 나무가 엉키어 살던
가지와 가지를 서로 얽고
우리는 서로의 어깨를 기대고서
얼마나 서로를 힘들게 하지

잎이 지는 나무와 남아 있는 나뭇잎과
세속의 삶이야 얼키고 설크러진 오욕의 시간들이
가지 끝에 우리 살림처럼
누더기로 펄럭거리는 하늘과
그 모두를 바라보는 나와

온전히 혼자서 사는 것이란
찾을 수 없는 것
헝크러진 만남과 만남 사이에도
푸른 하늘이 지나가고
곧게 자란 세월이 서고
서로를 고달프고 기쁘게 하던
헛되고 질긴 인연은 남는다

비어 있는 들판
뒤엉킨 가지와 어깨들 위에
부서지는 달빛
바람과 구름들이 저마다 흘러가고
너와 나의 가엾은 인연은 남는다

저마다 자기 몫이 있을 뿐이다

내가 그대를 바라보고 있을 때
그대가 나를
바라보는 것은 나의
몫이었다

그대가 낯 모르는 사람과
웃고 이야기할 때
그 빛나는 눈빛들은 다만
그대의 몫이었다

어느 날 나를 위해
그대가 옷을 벗으면
그 기쁨의 순간들이
나의 몫이 되었다

그리고 그대
누군가와 눈인사를 주고 받을 때
그 수줍은 웃음은
그의 몫이 되었다

저마다 누군가에는
자기의 몫이 있을 뿐이다

모든 순간과 시간을 거두어 나의 것으로
만들 수는 없는 것

내 곁에 있는 것들이 나를
바라보고 있을 때
그것은 나의 몫이었다

내 곁에 있었어도 나를
떠난 것들이
나를 보고 있지 않는 시간
내가 볼 수 없는 순간들은
누구의 몫이었다

내가 사랑하는 시간과
오직 내가 그대를 바라보는 그 순간들이
그대는 나의 몫이었다

그녀는 웃고 있었다

그녀는 웃고 있었다
세상이 처음 아름다운 숲이거나
고요한 들판이었을 때

아침의 그녀는
나를 만나고 세상을 만나고
시간이 흘러갔다

그대
수줍은 웃음이 내 열락의 끝에서
쓸쓸해지고
기쁨의 눈빛이 탐욕의 가난 앞에서
더욱 초라해졌다
어느 것을 소유하고 더 많은 무엇들을
잃어버렸다

아파트를 사고 사랑을 버렸다
추억을 주고 자동차를 바꿨다
날이 갈수록 내 천박한 것들을 스크랩하고
그녀의 고귀한 것들을 흘려 보냈다

바람이 불고 눈이 내리고
거울 속의 소녀는 시들어 갔다

형광등 불빛 아래 오랫동안 가계부를 들여다보고
매출 전표를 붙이고
가느다란 한숨이 지나가고
TV 리모콘을 눌렀다
수많은 그녀들이 TV 속을 오고 갔다

나는 그녀를 바라본다
곤궁하고 쓸쓸한 그늘이 드리웠다
수줍고 그리운 그대 얼굴이
그 날의 노래와 몸짓을 잃었다

지쳐 흐르는 세월은
저 혼자
서둘러 어지러운 화면을 지나가고
더 부를 수 없는 노래
TV에 무심한 시신경이 흐르며
그녀는

그녀는 웃고 있었다

프로포즈

사랑한다고 말하지 못했다.
행복하게 해주겠다고도 말하지 못했다.
화려하지 않아도 세월이 가고
해마다 꽃이 피고 또 시들어 갔다.
우리의 젊음도 시들어 간다.

꽃이 피었다가 시들며
열매을 맺듯이
육신이 쇠하며
지혜가 온다

그대를 바라본다
안쓰러움에 마음이 물결친다.
살며시 그대 어깨를 가슴에 안으며
가벼이 가벼이 어깨를 토닥거린다.

그대와의 아침

그대 가슴에 안겨
평화로이 눈 뜬 이 아침
고요히 눈감고 기다리는 그대의
가즈런한 숨소리에
시간이 느리게 느리게 더디 흐르고

깊은 곳에 고여 있던 내 마음의 슬픔과
고달픈 삶의 상처들을 잠시 위로 받으며
행복이라는 뭉클함을 아득히 느껴본다
이대로 시간이 멈추었으면
커튼을 젖히지 않을 수만 있다면

강아지풀

나는 강아지풀을 좋아한다

어릴 적
강아지풀
메뚜기 잡아 등 꿰어 들고
방아깨비 떼떼기도 함께 잡았다

낮과 밤이 지나고
하늘이 높아질수록
강아지풀은 보라색 수염을 반짝거리며
마침내 자줏빛 잎 줄기로 물들어 간다

햇볕에 얼굴이 발개진 손녀
강아지풀 한 가지 손을 내민다
'할아버지 좋아하는 강아지 풀이야
자주색도 있더'
빤히 바라보는 아이의 두 눈이
기대감에 반짝인다

'우와! 할아버지 좋아하는 강아지풀이네
할아버지 주는 거야? 고마워'
반짝이던 아이의 눈이 초승달로 웃으며
얼굴을 부벼 온다
아이의 한 손엔 강아지풀 한 주먹이 들려있다

가슴에 안긴 아이의 등을 두드려주며
나는 지금도
강아지풀을 좋아한다

밤의 기도

달빛이었을까 가로등일까
암막커튼의 열린 틈으로
누군가 방안을 들여다 본다

곁에 잠이 든 손녀의 얼굴에
서늘한 빛이 머물고
반듯한 콧등이 환하게 빛나고 있다
그 곁에 할머니의 숨결이 평온한 꿈을 꾼다

어둠에 익은 눈이 손녀의 환한 얼굴을 잠시 바라보다가
이불을 덮어준다
하나의 기도가 고요 속에서 일어선다
주여, 이 아이를 행복하게 하소서

결혼 기념일

아침
나른한 꿈결의 연장선에서
아내가 손을 잡아준다

결혼기념일 축하해요
어둠과 새벽의 경계선처럼 모호한 눈꺼풀 사이로
아내의 맑은 얼굴이 보인다
느린 손가락으로 아내의 귀밑머리를 천천히 뒤로 넘긴다
아내의 얼굴에 잔잔한 초승달이 걸린다

40년을 함께 걸어왔다
바람 부는 날이며 비가 오고
눈 쌓인 언덕과 따사로운 꽃길을
오늘 여기까지 왔다

모든 슬픔과 그리움들이
세월의 언덕을 넘어간다

희미해진 아내의 꿈을 생각한다
기억과 존재와 그 옅어진 흔적들이
쓸쓸함으로 남는다
아내는 행복했을까

아내의 손등을 느릿한 손가락이 쓰다듬으며
아내의 꿈을 기도한다

그림 목록

78 _ 願- 바라보다, 40x40, 장지, 분채, 석채, 2016

85 _ 願- 바라보다, 45x38, 장지, 분채, 석채, 2016

88 _ 시간의 정원, 91x40, 장지,분채,석채, 2006

94 _ 도시인,30x30, 장지, 분채, 석채, 2005

101 _ 시간의 정원, 43x35, 장지,분채,석채, 2009

102 _ 시간의정원, 69x35, 장지,분채, 2006

108 _ 願- 자연으로, 40x31.5, 캔버스, 분채, 석채, 2016

111 _ 願-바라보다, 40x40, 장지,분채,석채, 2009

112 _ 願-희망, 45x38, 장지,분채,석채, 2016

114 _ 願-희망,45x38, 장지,분채,석채, 2016

116 _ 願- 자연으로, 45x38, 장지, 분채, 석채, 2016

123 _ 願-희망, 53x45, 장지,분채,석채, 2009

124 _ 願- 희망, 40x20, 장지, 분채, 석채, 2014

132 _ 시간의 정원, 41x32, 장지,분채,석채, 2008

134 _ 願-희망, 83.3x39.2, 장지,분채,석채, 2008

136 _ 願-희망, 30x40, 장지,분채,석채, 2010

143 _ 시간의 정원, 30x30, 장지,분채,석채, 2008

151 _ 시간의 정원, 40x40, 장지,분채,석채, 2009

155 _ 願-희망, 33x25 장지,분채,석채, 2016

156 _ 願- 자연으로, 45x38, 장지, 분채, 석채, 2016

159 _ 願 -희망, 91x72 장지,분채,석채, 2011

김미희의 작품에는…

현재에 대한 부적절한 상황을 예견하고 이를 극복하고자 하는 염원(念願) 및 희망이 스며있다. 주제 표현은 낯선 세계를 동경하기 보다는, 보다 나은 내일을 위하여 지금의 실제 상황을 치유하고 변화시키기 위하여 서정적으로 접근한다. 즉 자신의 경험과 감성이 포함된 객관성을 제시함으로써 미래에 직면하게 될 부정적 상황을 긍정과 희망으로 전환시키는 것이다.

작품 〈시간의 정원〉에서는 인물을 중심으로 한 삶의 근간, 그 흔적을 통한 서정적 감성의 표현이 드러나며 〈願-희망〉, 〈願-바라보다〉, 〈願-자연으로〉 시리즈에는 반성적 삶과 공존의 미덕이 드러나 있다.

박정수(미술평론가)